LOUIS N. LE ROUX

LA QUESTION BRETONNE

POUR LE SÉPARATISME

ESSAI

PRÉCÉDÉ DU

Manifeste du « PARTI NATIONALISTE BRETON »

7ᵐᵉ Mille

ÉDITION DU « *PARTI NATIONALISTE BRETON* »

1911

POUR LE SÉPARATISME

DE LOUIS N. LE ROUX

Aux Morts de la Croix Saint-Lambert, poème,
1 plaquette in-16 (*Hors Commerce*).

Candide et Hermeland, poème, 1 plaquette in-8º
(*Hors Commerce*).

SOUS PRESSE :

DE CAMILLE LE MERCIER D'ERM

La Pensée du Nationalisme Breton, 1 plaquette
in-18 (Edition du *Parti Nationaliste Breton*). 1 fr.

N.-B. — *Pour la vente des Brochures et Mani-
festes du « Parti Nationaliste Breton » s'adresser à*
M. Camille Le Mercier d'Erm,
26, rue des Ecoles, PARIS (vᵉ).

Louis N. Le Roux

LA QUESTION BRETONNE

POUR LE SÉPARATISME

ESSAI

PRÉCÉDÉ DU

Manifeste du « PARTI NATIONALISTE BRETON »

ÉDITION DU « *PARTI NATIONALISTE BRETON* »

1911

MANIFESTE
DU
« PARTI NATIONALISTE BRETON »

DISKLERIADUREZ
STROLLAD BROADEL BREIZ

I. — « *Strollad Broadel Breiz* », savet n'eus ket pell gant eun nebeut tud yaouank dizaon, en deus graet e vennoz da voda kement youl *na-fell-plega* a zo en hon Bro evit enebi, bepred ha daoust da bep tra, ouz ar gwaskerez gall a bouez warnomp pevar c'hant vloaz-zo.

II. — N'i man ket e spered nag e mennoz hon Strollad sevel kestel en oabl. Fellout a ra d'eomp aoza dihun hon Bro-Vreiz dre groui eur froud vras a eneberez hag a zroukranz ouz ar C'hallaoued a c'houarn ac'hanomp eneb d'hon grad vad hag a lemm diganeomp frankiz hon Bro hon deus gwir da gaout.

III. — Hon c'hoant eo he dije, en xx[d] kantved-man, goude eun amzer re-hir a vestroniez ken garo a beurz Bro-C'hall hag a zentedigez ken gwak a beurz Breiz, hon mouez priz eun eneberez didrec'hus. N'eo ket kavailherien eo ez omp, eneberien an hini eo arôk pep tra all er bed.

MANIFESTE DU
PARTI NATIONALISTE BRETON

I. — Le « *Parti Nationaliste Breton* », fondé récemment par quelques hommes jeunes et décidés, a pour but de grouper toutes les énergies *irrédentistes* de notre pays pour protester toujours et quand même contre l'oppression française que nous subissons depuis quatre siècles.

II. — Il n'est pas dans l'esprit ni dans les intentions du Parti d'échafauder dans le vide un palais de nuages, mais seulement de préparer la résurrection bretonne en créant un vaste mouvement de protestation et de réprobation vis-à-vis du peuple français qui nous gouverne contre notre gré et qui nous prive injustement de l'indépendance nationale à laquelle nous avons droit.

III. — Nous voulons qu'en ce xx⁰ siècle, après une trop longue période de domination brutale de la part de la France et de soumission résignée de la part de la Bretagne, notre attitude ait la valeur d'une protestation irréductible. Nous sommes donc, avant tout, non des conspirateurs, mais des *protestataires*.

IV. — Laeret eo bet diganeomp an eil warlerc'h
egile hon frankiz a bobl hag hon gwiriou ha
frankiziou a ran-vro; torret hag adtorret eo bet
lizer-feur 1532 a gretae d'hon Bro he librente
hag he frankiziou, gant eul lez-veur diouti hec'h-
unan hag ar gwir da gaout war he ardameziou,
pa n'he doa ken eur gurunen glok, eur bonned
herminik kelc'hiet a aour. (Eur dister a zic'haou
evit gwir, e sell eus ar pez hon doa kollet!) —
Aboue an Dispac'h bras e Bro-C'hall, ez eo gwasaet
hon stad. Hirio, heskinerez yud hon mestrou, —
seul wasoc'h dre ma'n em guz oc'h hencha e ribou-
lou dre zindan hon douar koz, — a glask lemmel
diganeomp hon yez hag hon gwiskamanchou, hon
giziou koz a vroïz pe a gristenien, en eur ger,
kement tra a chom ganeomp eus herez hon tadou
koz, kement tra a ra hon lorc'h hag hon laoueni-
digez. Enebi a reomp gant hon holl nerz ha goulen
start herez hon tadou.

V. — Kredi a reer ez omp flastret, netraet, disneu-
ziet, aet da C'hallaoued. Eur gaou n'eo ken! Bez'ez
eus c'hoaz en ene breizad eun dra bennak a stourm
hag a dalc'h e buez, eun dra a zo bet c'hoant d'e
vouga ha d'e gas da get hag a van hirio ken buezek
ha ken nerzus hag er mare hon frankiz, hag an
dra-ze, pe e oar pe ne oar ket, eo an EMSKIANT
VROADEL.

IV. — On nous a successivement volé notre indépendance nationale, puis nos libertés et franchises provinciales ; on a violé sans cesse le traité de 1532 qui assurait à notre pays ces libertés et ces franchises, avec le privilège d'un Parlement et le droit de porter sur ses armes, à défaut de la couronne fermée, le bonnet d'hermine cerclé d'or. (Dérisoire compensation, il est vrai, en regard de ce que nous avions perdu !) — Depuis la Révolution française, la situation a empiré. Aujourd'hui, la sournoise persécution de nos maîtres, — d'autant plus dangereuse qu'elle se dissimule et creuse des galeries souterraines dans notre vieux sol, — cherche à nous arracher notre langue et nos costumes, nos traditions civiles et religieuses, tout ce qui reste de l'ancien patrimoine national, tout ce qui fait notre orgueil et notre joie. Nous nous y opposons de toutes nos forces et nous revendiquons l'héritage de nos ancêtres.

V. — On nous croit écrasés, annihilés, assimilés, francisés. C'est faux ! Il y a encore dans l'âme bretonne quelque chose qui résiste et qui survit, quelque chose qu'on a voulu étouffer et anéantir, mais qui demeure aujourd'hui aussi vivace et robuste qu'au temps de notre indépendance, et cela, conscient ou inconscient, c'est le SENTIMENT NATIONAL.

VI. — Ne anavezomp na mam-vro « vras », na mam-vro « vihan ». Ne anavezomp nemet Ar vam-Vro, n'eus nemeti : Breiz. — Beza ez eus a-hend-all warzu ar zav-heol, eur mam-vro-all, hini hon enebourien : Bro-C'hall, pehini, goude laerez Dugelez dishual hon tadou dre eun dimezi rediet, heuillet gant eur c'hontrad, rediet ivez hag ouspen-ze torret da c'houde, a dalc'h ac'hanomp a-boue 1491, 1532 ha 1793 en eur sklaverez dismegansus gwasoc'h-gwaz.

VII. — Kaout a ra d'emp eo poent d'eomp en em zevel eneb d'ar gwaskerez trubard-ze ha rei penn d'an touellerez. Beza ez eus en hon touez eun diezamant er spered, er c'hemwerz, dreistoll er politikeres, na c'houller ket anavezout e Bro-C'hall. An diezamant-se, ni a zo prest da ober kement la ma vo red evit ma vo sellet outan. Pez n'o deus ket kredet ar Ranvroelerien ober ha laret, ni e raio hag e laro.

VIII. — Ne c'hallfemp ket digemer tezen ar Ranvroelerien, mezus evid hon enor hag hon hano a Vretoned. Sellet a reomp Breiz, nan evel eur *ran* eus Bro-C'hall, mes evel eur VRO-VAMM, gwasket ha muntret evel ar Pologn hag an Iverzon, hag o viret, daoust da ze, eur spered vro, krenn dioutan e-unan.

VI. — Nous ne reconnaissons ni « grande », ni « petite » patrie. Nous ne reconnaissons que LA PATRIE, une seule Patrie : La Bretagne. — Il existe, d'autre part, vers l'Est, une autre patrie, celle de nos ennemis : la France, qui, après avoir escamoté le libre Duché de·nos pères, au moyen d'un mariage forcé, suivi d'un traité également imposé et d'ailleurs violé par la suite, nous maintient, depuis 1491, 1532 et 1793, dans une servitude toujours plus outrageante.

VII. — Nous pensons qu'il est temps de nous révolter contre cette domination arbitraire et déloyale et de faire cesser cette équivoque. Il y a chez nous un certain état d'âme, un certain malaise économique et surtout politique, qu'on ignore ou qu'on *veut* ignorer en France. Cet état d'âme, nous sommes prêts à tout pour obtenir qu'on le prenne enfin en considération. Ce que n'ont pas osé faire et dire les Régionalistes, nous le ferons et nous le dirons.

VIII. — Nous ne saurions accepter, en effet, la thèse régionaliste, humiliante pour notre amour-propre et notre dignité de Bretons. Nous considérons la Bretagne, non comme une *région* du territoire français, mais comme une NATION originale, asservie et opprimée comme la Pologne et l'Irlande, mais qui n'en conserve pas moins un caractère national profondément distinct.

IX. — Hogen e kav d'eomp ez eo ar frankiz kenta dlead eur boblad, ha diazez pep broadelez. P'he deus eur bobl kollet he frankiz, e tle lakaat he holl boan d'he adkavout hag he goulen start dibaouez.

X. — Abalamour da gement-se, e c'houlennomp start he frankiz d'hon Bro, dre ma kav d'eomp n'ez eus nemet ar stad dishual a zerefe ouz Breiz.

XI. — Setu aman en daou c'her, hag a beurzispleg an daou du eus an hevelep mennoz, ar pep pouezusa eus hon goulennou : *Distag krenn diouz Bro-C'hall ; Frankiz da Vro-Vreiz d'en em c'houarn hec'h-unan.*

XII. — Anavezout ha saludi a reomp evit arouez n'eus nemeti hon Bro garet, al lenn wen, goloet a herminigou, hep mui lec'h da vanniel a dri liou Bro-C'hall.

XIII. — Anavezout a reomp ar Brezoneg hepken evit hor yez vroadel ha c'hoant hon eus e ve disket, vel yez vroadel, war holl douar Breiz-Izel ha Breiz-Uhel, d'ar vugale, arôk hini all a-bed.

XIV. — Digemer a reomp evel kanaouennou broadel : « *Bro goz ma Zadou* » ha « *Sao, Breiz-Izel* », kensakret gant emgleo an holl strolladou bretoned ; dizanaout ha disteurel a reomp « *La Marseillaise.* »

XV. — Gervel a reomp holl youlou, holl sperejou hag holl eneou a Vreiz evid urzia ha sevel ganeomp

IX. — Or, nous pensons que le premier devoir d'une nation, le principe même de toute nationalité, c'est l'indépendance. Quand un peuple a perdu son indépendance, il doit tendre uniquement à la reconquérir et ne jamais cesser de la revendiquer.

X. — C'est pourquoi nous la réclamons pour notre pays, estimant que tout autre état que l'état d'indépendance est indigne de la Bretagne.

XI. — Nous formulons donc, en deux termes complémentaires de la même idée, le principe de nos revendications : *Séparation intégrale d'avec la France ; Indépendance politique de la Nation Bretonne.*

XII. — Nous reconnaissons et saluons, comme seul emblème de notre patrie, l'étendard blanc moucheté d'hermines, à l'exclusion du drapeau tricolore de la France.

XIII. — Nous reconnaissons la langue bretonne pour notre seule langue nationale, et nous voulons que, sur tout le territoire de la Haute et Basse-Bretagne, elle soit enseignée comme telle aux enfants de notre pays.

XIV. — Nous adoptons comme hymnes nationaux : « *Bro goz ma Zadou* » et « *Sao, Breiz-Izel* », consacrés par l'entente de tous les groupes bretons, et nous ignorons et rejetons résolument « *La Marseillaise* ».

XV. — Nous faisons appel à toutes les énergies, à toutes les intelligences et à toutes les consciences eur stourmerez digeflusk ouz alouberez an estren.

XVI. — Spi hon eus en kaerder hon c'henstriv ken uhel ar ratoz anezan. Eun enor eo evidomp derc'hel da gelennadurez distagus Merkœur, Ponkallek, Talhouët, Montlouis, Couëdic, La Chalotais, ha meur a den kadarn-all, dizanve pe glorius. Kredi a reomp en ene breizad hag, harpet war hon gwir, oc'h anaout hon dlead, ez omp en zell da stourm hep plega evit an dishualidigez, en eur ziskleria, uhel mad, pez a sonj kalz a re-all en dounder o c'halon aonik, hag e fell d'eomp e vo hon oberou diouz ezommou striz hon c'harante-vro ha penda-ben diouz spered hon reolen : « BREIZ D'AR VREIZIZ ! »

RENODUREZ « STROLLAD BROADEL BREIZ » :

A. DOUAR-GWË,
ERWAN GWESNOU,
HERVE A GERGUILLY,
MORIS A LANGOËT,
KAMILL AR MERZER A ERM,
LOEIZ N. AR ROUZ,
POL SULIAC.

bretonnes pour organiser et opposer avec nous une résistance inébranlable à l'intrusion étrangère.

XVI. — Nous avons confiance en la générosité de notre effort désintéressé. Nous nous honorons de perpétuer la tradition séparatiste des Mercœur, Pontkallec, Talhouët, Montlouis, Couëdic, La Chalotais, et de tant de héros obscurs ou glorieux. Nous croyons en l'âme bretonne et, forts de notre droit, conscients de notre devoir, proclamant très haut ce que beaucoup d'autres pensent en leur cœur timoré, nous sommes décidés à lutter sans concession pour le principe d'indépendance et à conformer loyalement notre conduite aux exigences d'un patriotisme exclusif et à l'esprit intégral de notre devise : « BREIZ D'AR VREIZIZ ! — LA BRETAGNE AUX BRETONS ! »

LE COMITÉ DU « PARTI NATIONALISTE BRETON » :

A. DOUAR-GWE,
ERWAN GUESNOU,
HERVÉ DE KERGUILLY,
MAURICE DE LANGOET,
CAMILLE LE MERCIER D'ERM,
LOUIS N. LE ROUX,
POL SULIAC.

POUR LE SÉPARATISME

AVANT-PROPOS

Nous regrettons de ne pouvoir exposer largement dans les pages qui suivent nos idées, nos méthodes, nos espoirs et nos rêves. Le cadre trop restreint de cette brochure ne nous permet pas de développer, comme nous l'aurions voulu, tous les points de notre programme. Nous avons esquissé à grands traits ce qui nous paraît être l'essentiel et nous livrons ces lignes à la méditation de certains Bretons timorés que la peur du Français empêche d'agir ou qui, ayant acquis une certaine renommée, s'efforcent de la soutenir par de dangereuses compromissions, saisissent toutes les occasions de nous vendre, de nous tromper, et ne reculent devant aucune trahison pour léser les meilleurs Bretons.

2.

Quand les vieilles barbes françaises affectent de traiter notre hardiesse de folie, les braves et les vrais Celtes nous approuvent hautement.

— Faux Bretons, nous rions de votre dédain et méprisons d'avance votre sourire ironique ! Mais vous, les vrais Bretons, qui rejetez l'autorité arbitraire de la France et, comme nous, êtes prêts à revendiquer l'indépendance de notre patrie, vous qui ne craignez pas d'opposer le droit à la force et voulez crier tout haut vos sentiments nationalistes, venez à nous loyalement, courageusement, venez à nous qui sommes vos amis et vos frères.

L. N. R.

POUR LE SÉPARATISME

Nous étions tout bonnement une dizaine d'hommes de cœur, qui, fatigués du Régionalisme à deux sous, trop tripatouillé par les pontifes décentralisateurs, décidâmes, il y a quelques mois, de fonder un groupe indépendant qui fut vraiment, en principe et en fait, le *Parti Nationaliste Breton*.

Mon ami Camille Le Mercier d'Erm qui, voici trois ans, avait déjà bataillé pour nos idées et dont un audacieux article avait été vivement commenté par les journaux, et moi-même, qui ne suis pas non plus un nouveau venu au Séparatisme, nous osâmes alors prendre l'initiative de ce mouvement en provoquant une véritable tempête de polémiques dans toute la presse bretonne (*Ar Bobl, Le Pays Breton, L'Echo du Finistère, Le Réveil des Côtes-du-Nord, Les Nouvelles Rennaises, Le Progrès du Morbihan, Le Clocher Breton, Le Nouvel Avenir*, etc., etc.), polémiques qui eurent leur répercussion immédiate dans plusieurs feuilles françaises (*Les Droits de l'Homme, Le Soleil, L'Avenir de la Mayenne*, etc).

Cette campagne d'opinion ne fut pas inutile. Elle nous valut, en dépit des attaques, de nombreux encouragements. Nous avons aujourd'hui la satisfaction d'avoir gagné à notre cause des personnalités agissantes dans tous les milieux bretons.

Ce n'était pas chose facile que de grouper une élite bretonne qui eut le courage de crier tout haut sa volonté d'indépendance et le droit qu'a notre pays de recouvrer sa nationalité intégrale, un Parti qui osât se donner pour mission d'affirmer énergiquement la haine latente que tout vrai Breton doit à la France. Nous avons eu, nous, ce courage, et nous avons pris le ferme engagement de persévérer, — notre audace dût-elle même nous conduire aux bastilles françaises !

Dès qu'on apprit l'existence de notre groupe, un *tolle* général se déchaîna dans tous les milieux, depuis celui du fonctionnarisme le plus encroûté jusqu'à celui du Régionalisme le plus turbulent, en passant par le clan bardique. De toutes parts ce fut un torrent d'imprécations, d'injures et d'objections plus ou moins solides et réfutables.

Nous ne nous arrêterons, dans cette discussion, qu'aux objections les plus sérieuses qui nous aient été faites, sans nous préoccuper des inepties malpropres de certains journaleux en mal de réclame et désireux de trouver le prétexte d'un excès de zèle dans l'espoir de voir les palmes fleurir bientôt leur boutonnière encore vierge.

D'abord, est-il vrai, comme l'affirmait récemment dans *Le Pays Breton* un de nos contradicteurs régionalistes, est-il vrai que l'hypothèse séparatiste soit nécessairement stérile et condamnée à demeurer une hypothèse ? L'histoire nous apprend que rien n'est impossible aux hommes de bonne volonté. La doctrine du Galiléen n'a-t-elle pas embrasé le monde entier, ou à peu près, en moins de deux mille ans, et cette doctrine a-t-elle été semée dans plus de douze cœurs à la fois ? N'était-il pas cependant plus difficile d'extirper tous les vices imaginables et inimaginables du cœur de plusieurs millions d'individus qu'il n'est malaisé d'arracher quelques milliers d'âmes bretonnes à la putréfaction française ? Vous ne répondrez pas négativement. Dès lors, avons-nous à désespérer du bon résultat à quoi peuvent aboutir des efforts suivis et

une méthode vaillamment et invariablement soute-
nue ? Nous savons d'ailleurs parfaitement quels
obstacles nous aurons à surmonter chez nous et
au dehors et combien d'adversaires il nous faudra
combattre.

Nous nous flattons pourtant d'avoir fait déjà
quelques progrès et, quand d'aucuns nous traitent
d'*écervelés* (1), quand d'autres, les timides et ceux qui
ont peur de « *perdre leur pain* », nous prêtent tout
bas des rôles d'apôtres, quand d'autres enfin nous
appellent insolemment des *réclamistes*, nous, nous
ne prétendons être que les derniers militants bretons, avec bien entendu, la volonté de pousser toujours plus avant dans le sol breton la charrue séparatiste.

*

Supposons, si vous le voulez bien, la Bretagne
séparée de la France. Avant de songer à lui donner des institutions et des chefs, débrouillons
d'abord le prétendu chaos anarchique qui, au dire
de nos contradicteurs, la désagrège et lui interdit
à jamais tout espoir de résurrection.

La Bretagne n'est pas tout à fait ce que ceux-ci
la voient d'un œil si pessimiste. Elle n'est pas dans
un état de désorganisation ni d'anarchie morale et

intellectuelle tels qu'ils le prétendent. Je vous accorde cependant qu'elle est menacée par le ver, le terrible ver qui ronge notre grande ennemie. Permettez que je vous soumette une comparaison simpliste : considérez deux pommes juxtaposées sur l'étagère de quelque armoire. La plus grosse est déjà pourrie et bientôt la petite va l'être aussi. Comment la préserver de la corruption prochaine ? Le seul moyen c'est de la séparer *radicalement* de l'autre.

Telle est la situation actuelle de notre « Breiz » vis à vis de la France.

Ceci admis, comment réconcilier entre eux les Bretons habitués à s'entredéchirer à l'exemple des Français ? On pourrait, je crois, beaucoup attendre d'une éducation morale et intellectuelle appropriée au caractère breton et appuyée sur de solides ins-titutions. Mais, à tout prendre, nos discordes in-testines ne sauraient être un obstacle sérieux à la restauration de notre vie nationale. Trouvez-moi un peuple qui soit parfaitement uni. Il n'en existe pas.

Avant de songer, d'ailleurs, à donner à notre Patrie un gouvernement et des institutions, son-geons d'abord à lui rendre son autonomie. La Bretagne organisée se donnera tout naturellement un gouvernement de son choix. Cela va de soi. Nous n'avons point à nous préoccuper de ces questions secondaires. A cette heure, notre tâche est plus humble et plus ingrate. Bornons-nous à préparer le terrain. Travaillons à organiser la Bretagne, à ramener les Bretons aux mêmes idées et aux mêmes principes. La tâche est ardue, mais il faut s'y mettre avec acharnement et ne pas se décourager. Ce travail d'organisation ne se fera pas tout seul, mais il peut être fait.

Malheureusement, la difficulté n'est pas seulement du côté des Bretons. Elle est encore et surtout du côté de la France qui n'est, à coup sûr, pas disposée à favoriser nos entreprises et à nous laisser la bride sur le cou. Mais ne pourrait-il se faire qu'un jour ou l'autre, à la suite d'une guerre ou d'une révolution, (que nous appelons de tous nos vœux), les autres puissances se décident à intervenir en notre faveur pour contraindre la France à nous rendre à la vie nationale ?

Pourquoi, s'ils y voient leur intérêt, l'Angleterre, l'Allemagne, les Etats-Unis n'aideraient-ils pas à neutraliser Brest, Lorient, et à en faire des ports francs ? En agissant ainsi, ces nations n'auraient rien à perdre, mais beaucoup à gagner. Un « état-tampon » à l'extrémité du monde occidental, entre la France et la mer, leur rendrait un service incalculable, et nous, nous bénéficierions plus encore de cette situation. Nous ne nous en porterions certainement pas plus mal, au contraire ! Brest et Lorient neutralisés, en cas de difficultés entre la France et quelque autre peuple, c'est la meilleure garantie pour notre sécurité. La Bretagne libre, « Breiz » état-tampon serait aussi bien respectée que le sont la Belgique et la Suisse ; la république d'Andorre elle-même, n'a-t-elle point son importance sur la frontière franco-espagnole et ne la respecte-t-on pas ?

Il est incontestable qu'aucun obstacle physique ne s'oppose à notre autonomie. La Bretagne forme un tout géographique et ethnographique susceptible de redevenir un état libre qui trouverait en lui-même de suffisantes ressources pour sa vie nationale. Le Breton qui, de par son hérédité celtique, a conservé un caractère si profondément distinct du caractère français, secouerait avec joie le joug du préfet gascon ou parisien qui le harcèle et de l'évêque picard ou provençal qui le brime.

De région qu'elle est, si la Bretagne redevenait

nation, elle retrouverait sa prospérité comme la Belgique et la Suisse. Tant que la Bretagne restera liée à la France, elle s'épuisera à ce contact. Si, au contraire, la séparation se réalisait, nous espérons qu'elle nous préserverait de la gangrène française. Cette gangrène, heureusement, pour peu qu'elle arrive à nous effleurer, éprouve une résistance opiniâtre de la part du Breton, issu d'un sang plus pur et qui n'a point sucé avec le lait le germe de la corruption franco-latine. Nous ne sommes pas les fils de la France. Un de nos contradicteurs a dit assez plaisamment qu'elle était « notre belle-mère en droit » (1). Si elle est « notre belle-mère », elle ne l'est évidemment qu'en droit, car, en fait, elle s'est toujours conduite envers nous comme une marâtre. Et de quel droit est-elle notre « belle-mère » ? Du droit arbitraire du plus fort. Elle a usé de ce droit en imposant à la faible duchesse Anne — (une enfant de quinze ans) — un mariage forcé avec le roi de France, et à la Bretagne un traité de dupe qu'elle a ensuite violé, pour nous duper mieux encore. Cette prétendue maternité de droit, nous ne cesserons de l'appeler : *lâcheté, traîtrise, félonie.*

Ce n'est pas d'aujourd'hui seulement que retentit

le cri de notre patriotisme indigné. Il y a quelques années, un Breton écrivait à Edouard Drumont une lettre vigoureuse qui fut reproduite dans *La Libre Parole* et dont nous détachons ce passage fort expressif :

« Si, dans quelques années, ce régime de charo-
« gne latine n'est pas encore crevé, nous serons tous
« résolument séparatistes » !

Nous constatons, en effet, que, depuis cette époque, les tendances nationalistes ont fait de grands progrès en Bretagne. Du moins, le signataire de cet opuscule peut-il se vanter d'être, comme dit l'auteur de la lettre précitée, « résolument séparatiste », et non d'hier seulement, mais depuis qu'il se connaît et avec la ferme intention de vivre et de mourir tel.

Que nos idées déplaisent à la masse amorphe et à un certain nombre de régionalistes, je le concède. Nous sommes pour eux des trouble-fête. N'avons-nous pas allumé dernièrement cet incendie qui consumait la presse bretonne et n'avons-nous pas vu, à cette occasion, les Bretons d'hier, laissez-moi dire nos maîtres, faire cause commune avec tout ce qu'on peut trouver de crapules françaises et de bâtards bretons-français pour nous damner, nous vilipender et nous trahir. Les premiers, il y a encore deux ans, auraient brûlé la France et, par scrupule patriotique, ne se seraient pas servis de ses cendres pour fumer leur lande ; les seconds sont la lie du journalisme interlope que l'Europe envie à la République Française, et dont celle-ci nous gratifie et nous pourvoit abondamment en même temps que de fonctionnaires méridionaux et de mouchards patentés.

On a tout fait pour nous abattre. Ceux-là mêmes qui nous ont montré le chemin, et dont nous avons trop bien suivi les leçons, n'ont pas craint, par la suite, de nous abandonner ; ceux qui ont fourni à notre esprit et à notre intelligence une culture séparatiste n'ont point compris que nous proclamions des idées qui, au fond, sont les leurs, mais qu'ils craignaient de soutenir ouvertement, pour ne pas « se compromettre », ou dont ils tenaient peut-être à se réserver le monopole.

Toujours est-il qu'ils n'ont pas manqué de sortir contre nous les vieilles objections traditionnelles et archi-usées. Certains Bardes, qui veulent se faire par trop intimidants, nous ont traités de haut, déclarant que nous n'étions que des sentimentaux, des rêveurs, des utopistes, que sais-je encore ! Heureusement que nous sommes cuirassés contre ces foudroyantes épithètes.

Ils ont cru devoir aussi nous excommunier au nom d'un certain *Parti Breton* dont nous ignorions totalement l'existence. Nous ne connaissons guère, en effet, que deux groupements bretons sur lesquels on ait pu compter jusqu'à présent. Ils sont d'ailleurs tout à fait distincts l'un de l'autre, bien qu'ayant parfois des attributions semblables.

Le premier est le *Gorsedd des Bardes de Bretagne*, association celtique très vivante, ayant son chef suprême et, sous lui, toute une imposante hiérarchie. Nous savons que ce groupement a des statuts propres, qu'il est indépendant, quoiqu'affilié au *Gorsedd* gallois. Nous savons aussi qu'il est animé d'un esprit breton que nous ne jugerons pas ici, parce que nous n'avons rien à en dire, bien que cet esprit ne réponde pas complètement à nos aspirations. L'autre est l'*Union Régionaliste Bretonne*, qui a également son organisation propre et ne dépend que d'elle-même. *L'U. R. B.* a son président, ses secrétaires et tout ce qui peut représenter une association respectable. Son esprit diffère de celui du *Gorsedd* en ce sens qu'il est moins exclusivement breton et que, par conséquent, il est encore plus éloigné de notre intégralisme.

De ces deux fractions, laquelle constitue le fameux *Parti Breton?* Vous me direz : les deux ensemble. Mais un même Parti doit avoir les mêmes statuts et les mêmes chefs ; il ne peut y avoir deux pouvoirs. Nous en déduisons : ou il n'y a pas de *Parti Breton*, ou il y en a deux. L'un a autant de droits à ce titre que l'autre. Qu'on ne tarde donc pas à nous dire où réside ce fameux Parti.

Si l'on veut bien admettre toutefois l'existence d'un *Parti Breton*, ce Parti est nécessairement formé de tous les organismes vivants et actifs de notre pays, de tous les groupes, indépendants dans la tactique, mais que réunissent le même amour de la Bretagne et la même volonté de contribuer à son relèvement. Il va de soi que toutes les associations, tous les clans, tous les journaux, toutes les intelligences et toutes les bonnes volontés éparses, pour qui l'amour de la patrie est un terrain d'entente, sont, de droit, englobés dans ce grand parti idéal et que le *Gorsedd des Bardes*, l'*Union Régionaliste Bretonne*, l'*Association Bretonne* et, plus nouveau venu, le *Parti Nationaliste Breton* en constituent les principaux éléments. Nous serions même les premiers à préconiser, dans cet ordre d'idées, la création d'une Fédération générale de tous les Groupes bretons, qui, laissant à chacun son autonomie, les réunirait sur un minimum de revendications. Cette Fédération constituerait vraiment un *Parti Breton*, et nous avons tout lieu de penser que son action serait puissante et féconde.

Aussi sommes-nous quelque peu surpris, et non sans raison, quand nous entendons certains pontifes du Régionalisme déclarer, à propos de ce prétendu *Parti Breton*, encore imaginaire : « Là, pas de place pour les séparatistes » ! — O fraternité celtique ! — Ne sommes-nous donc pas enfants de « Breiz » comme eux, et ne pouvons-nous travailler utilement avec eux pour la rénovation de notre pays, pour le réveil national, pour la Bretagne, en un mot ? — « Qui peut le plus, peut le moins », dit un proverbe. Nous pouvons dire aussi, en ce qui nous concerne : « Qui *veut* le plus, *veut* le moins » !

A la suite d'un article du journal *Ar Bobl*, où notre distingué compatriote Taldir-Jaffrennou prenait sur lui de nous excommunier ainsi, un celtisant, qui se dit « anti-séparatiste acharné », mais néanmoins « nationaliste », nous écrivit une lettre dont nous extrayons ce qui suit :

« *Quoique j'aie l'honneur de vous combattre, je* « *n'hésiterais pas à vous inviter, vous Séparatistes, à* « *travailler avec tous les Bretons à l'organisation* « *nationale. On a dit, en parlant du Parti Breton (?) :* « *Dans notre parti, il n'y a pas de place pour les* « *Séparatistes ! Alors, il n'y a pas de place pour nous* « *non plus dans leur parti. J'estime que, autant que* « *tous les enfants de Breiz, les Séparatistes ont le* « *droit (puisque le devoir) de travailler, de concert* « *avec nous tous, pour la Patrie. Les exclure serait* « *odieux, sinon ridicule avant tout, étant donné* « *l'impalpabilité de leur fameux Parti* ».

Nous citons ce passage, sans commentaire aucun, pensant qu'il se suffit à lui-même.

Tout cela ne nous empêche pas de vénérer, comme ils méritent de l'être, ceux qui nous jettent l'anathème et de leur rendre pleine justice. Certains d'entre eux ont dressé des monuments considérables à la gloire de « Breiz », et, dans cet esprit, ils l'ont bien servie. Mais, ne nous demandez pas de nous laisser de bonne grâce écraser sous leurs arguments fallacieux et sous leur contestable autorité. Car leur évolution politique a malheureusement porté préjudice à cette autorité. Ils peuvent avoir des qualités personnelles : de l'énergie, par exemple, du talent et du dévouement. Mais ce n'est point assez pour faire école : il faut encore de la constance et de l'esprit de suite. En se montrant infidèles à eux-mêmes, ils ont, malgré eux, sacrifié les droits qu'ils pouvaient avoir au titre de chefs de clan.

C'est donc en dehors d'eux, — mais non contre eux, — que nous avons créé le *Parti Nationaliste Breton*, estimant qu'il est indigne de nous et de notre patrie d'être en Bretagne autre chose que des Nationalistes, puisqu'il s'agit véritablement d'une nation dont quatre siècles d'asservissement n'ont pu encore venir à bout.

Ce titre de Nationalistes, nous n'en revendiquons pas le monopole. D'autres se disent « nationalistes », qui ne sont pas séparatistes. Leur interprétation est évidemment défectueuse, car le nationalisme breton implique nécessairement la tendance séparatiste. Il ne peut y avoir, à proprement parler, de nation sans l'autonomie politique ou, tout au moins, sans une profonde aspiration vers cette autonomie.

Le cadre restreint de cette brochure nous interdit d'entrer plus avant dans le détail de la discussion. Ceci nous dispensera d'envisager ici les aspects épineux de la question bretonne, au sujet de quoi quelques adversaires nous ont posé des objections sans portée. Nous ne parlerons donc ni de religion, ni des diverses formules gouvernementales auxquelles chacun s'attache, selon ses préférences personnelles. Ce sont là des questions d'ordre privé qu'il ne nous est guère permis d'aborder.

Nous acceptons le concours de toutes les bonnes volontés loyales et ne voulons décourager personne. C'est pourquoi nous tenons à éviter tout motif de discorde qui ne manquerait pas d'égayer nos ennemis à nos dépens. Il suffit que nous soyons bien d'accord sur le principe nationaliste.

Malgré que plusieurs considèrent nos idées comme chimériques et folles, nous savons, nous, combien notre cause est belle, noble et grande. Et même si elle était désespérée, elle n'en serait pas moins belle et ne mériterait pas moins que nous y consacrions notre vaillance. *« Les causes désespérées,* « a dit Camille Le Mercier d'Erm, *sont les plus*

« *belles et les plus nobles, pour ce qu'elles exigent*
« *de leurs tenants un plus grand désintéressement et*
« *une plus grande abnégation* ».

Nous ne considérons pas que la cause bretonne
soit désespérée ; nous savons seulement que le but
est lointain et que peut-être nous n'y atteindrons pas
nous-mêmes. Mais d'autres viendront après nous.

Un des meilleurs idéologues de ce temps, qui eut
et conserve une grande influence sur la jeunesse
libérale, a souvent répété à ses disciples : « *Cou-*
« *rage, mes amis ! Ce n'est peut-être pas nous qui*
« *verrons le succès mais nous aurons la consolation,*
« *si nous luttons vaillamment pour notre idéal, d'avoir*
« *beaucoup aidé nos successeurs à le faire triompher* ».

Nous aimons ce désintéressement dans l'initiative. Aussi, quel que doive être le résultat de nos
efforts, nous ne cesserons pas de protester et de
lutter pour la Bretagne libre, pour l'étendard d'hermines, pour notre nationalité bretonne. Sur ce
point, pas de concessions possibles.

Or, il importe qu'on sache cela en France ; il
importe qu'on n'ignore pas cet état de choses et
cet état d'âme ! Il faut que nos maîtres connaissent
que nous n'avons pas des cœurs d'esclaves et que
nous serons toujours debout contre eux.

Et, n'est-il pas précisément significatif, ce fait qu'après plus de quatre siècles de persécution ouverte ou déguisée, d'oppression et de tyrannie, il se trouve encore parmi nous des insoumis, des révoltés, — rebelles à l'autorité arbitraire du plus fort ?

Plusieurs de nos adversaires ont reconnu de bonne foi que les tendances séparatistes s'expliquent chez les Bretons. Nous prétendons, nous, qu'elles s'imposent. La Bretagne doit redevenir ce qu'elle a été. Si la masse inconsciente et veule demeure immobile, nous ne pouvons, — nous qui « savons », — adopter une telle attitude, sous peine de lâcheté et de trahison. Nous ne pouvons ni ne devons subir plus longtemps sans protestation, sans révolte, le joug tyrannique qui pèse sur nous.

Nous revendiquons donc avec la dernière énergie les droits qu'a notre patrie à l'autonomie intégrale. Il y a quelque chose à dire et nous le dirons tout haut et à plein cœur ; il y a des vérités que nous crierons aux oreilles des Français pour leur prouver que plusieurs Bretons ne craignent pas de proclamer tout haut des sentiments que beaucoup d'autres dissimulent au plus profond de leur âme timorée.

Et quand ces autres-là bornent leurs efforts à un régionalisme inoffensif, nous serons, malgré eux, des Nationalistes irréductibles. Notre manière ne se réduit pas, comme ils le prétendent, à donner des coups d'épée dans l'eau ; nous nous proposons, tout au contraire, d'allumer et d'entretenir dans les cœurs bretons le feu vivace et ardent du vrai patriotisme. La flamme déjà s'élève et nous n'avons pas constaté sans une joyeuse surprise qu'elle a pris dans les fagots de certains Régionalistes.

Notre rêve n'est pas une nuée. Nous combattons pour des idées généreuses, pour une doctrine qui nous paraît plus saine, plus claire, plus haute et plus juste que celles dont s'accommodent beaucoup de nos compatriotes

Toutes ces considérations nous ont décidés à nous grouper et à agir. Si quelque chose paralyse notre élan, ce ne sera, certes, ni l'inertie des niais, ni les railleries des sots, ni les attaques des esclaves francisés, ni les persécutions des argousins français, ni la basse coalition de toutes les haines et de toutes les hypocrisies. Nous ne craignons ni leurs geôles, ni leurs prétoires, et pas même, comme les anciens Gaulois, que la voûte sidérale nous choie sur la tête. Nous avons conscience de bien servir notre patrie, et c'est avec toute la passion de nos âmes de Celtes que nous nous jetons dans la mêlée.

— Vive la Bretagne que nous voulons indépendante !

— Vivent les Bretons qui l'aiment comme nous et qui, autant que nous, exècrent ét méprisent les noms de France et de Français !

— Nous suive qui veut ! Nous applaudisse qui l'ose !

LOUIS N. LE ROUX

Juillet 1911.